CATALOGUE

DES

TIMBRES-POSTE

Créés dans les divers États

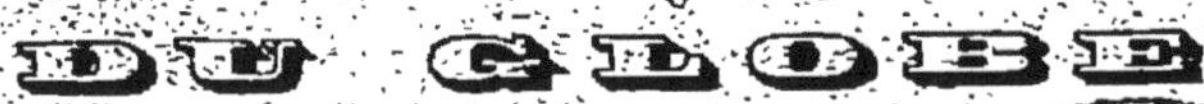

2e ÉDITION

Revue, corrigée et augmentée

PRIX : 1 FR. 25 CENT.

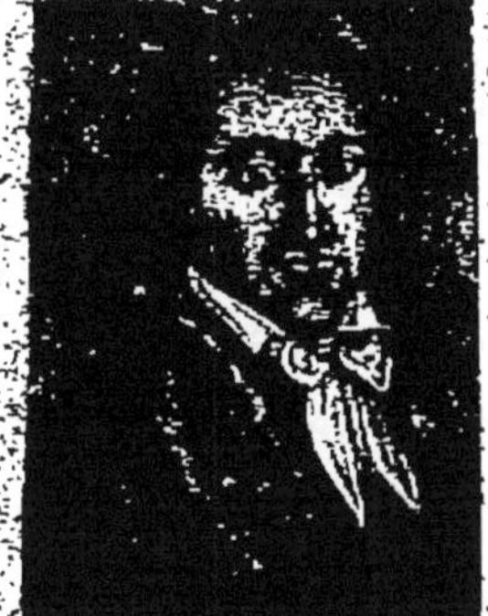

PARIS

LIBRAIRIE SCIENTIFIQUE, INDUSTRIELLE

E. LACROIX

15, QUAI MALAQUAIS, 15

1862

NOTE DE L'ÉDITEUR

Lorsque la première édition du *Catalogue des timbres-poste créés dans les divers États du globe* a été mise en vente (21 décembre 1861), aucun opuscule relatif aux timbres-poste n'avait encore été publié, à cause de la difficulté qu'il y avait de réunir les matériaux nécessaires pour la rédaction d'un travail de cette nature ; mais le *Catalogue*, si riche en documents, a ouvert la voie aux publications sur ce sujet, et deux petites brochures, *à peu près copiées* sur le travail de M. Alfred Potiquet viennent d'être faites, l'une à Bruxelles, l'autre à Paris.

Nous aurions pu intenter une action judiciaire contre leurs auteurs, mais nous préférons nous borner à signaler l'emprunt qu'ils ont fait au Catalogue de M. Alfred Potiquet, emprunt si complet pour l'une et l'autre brochure qu'il comporte même les fautes matérielles contenues dans la première édition.

EUGÈNE LACROIX.

Mars 1862.

CATALOGUE

DES

TIMBRES-POSTE

Créés dans les divers États

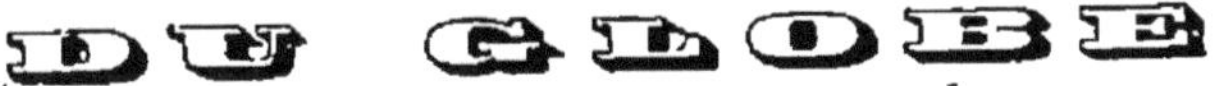

Dressé par ALFRED POTIQUET

2e ÉDITION

Revue, corrigée et augmentée

PARIS

LIBRAIRIE SCIENTIFIQUE, INDUSTRIELLE

E. LACROIX

15, QUAI MALAQUAIS, 15

1862

ABRÉVIATIONS

Car.	Carrés.
I. C.	Imprimés en couleur.
I. N.	— en noir.
L.	Lithographiés.
O.	Ovales.
P.	Piqués.
R.	Rectangulaires.
T. D.	Gravés en taille-douce.
Ti. sec et h. . . .	Timbre sec et humide.
Ty.	Typographie.

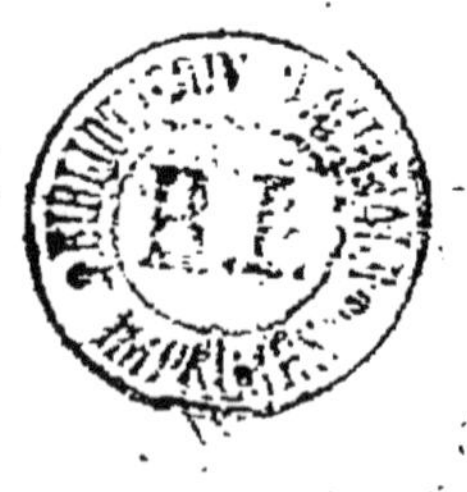

INTRODUCTION

Le goût des collections de timbres-poste se développant chaque jour, nous avons pensé qu'il serait utile aux Amateurs de connaître, dès le commencement de leurs recherches, le nombre et la valeur des timbres créés dans chacun des États qui en font usage, afin de pouvoir faire immédiatement un classement définitif de leurs collections.

Cette pensée nous a amené à dresser le présent Catalogue.

Nous avions eu le désir de le rédiger en suivant l'ordre géographique, c'est-à-dire en nous occupant successivement des cinq parties du monde, mais nous avons dû renoncer à cette idée, à cause de la difficulté des recherches. Si l'ordre alphabétique que nous avons adopté n'est pas le plus rationnel, il est certainement le plus commode. Néanmoins, pour faciliter le classement suivant l'ordre géographique, nous avons donné à la fin du Catalogue, d'après cet ordre, une nomenclature des États dans lesquels les timbres-poste sont employés.

La plupart des timbres que nous avons indiqués sont dans notre collection, et nous avons vu une grande partie des autres. Notre travail est donc exact, mais nous n'ignorons point qu'il est incomplet, surtout en ce qui concerne les colonies anglaises et un petit nombre d'États de dernier ordre qui n'ont que peu ou point de relations avec la France.

Par les correspondants que nous avons à l'étranger des renseignements nouveaux nous parviendront certainement; nous en profiterons pour compléter ce Catalogue, si nous en faisons une troisième édition.

A. P.

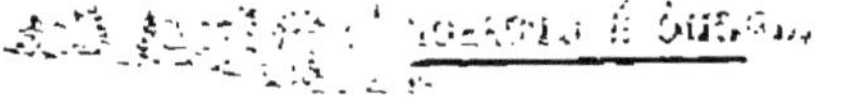

CATALOGUE

DES

TIMBRES-POSTE

Créés dans les divers États

DU GLOBE

ALLEMAGNE

Office Tour et Taxis

ÉTATS DU NORD

1° Timbres

1850. — *Chiffre indiquant leur valeur*, I. N. *sur papier de couleur*, Car., Ty.

1/4 sil. chocolat clair, 1/3 sil. chair, 1/2 sil. vert clair, 1 sil. bleu, 2 sil. rose, 3 sil. jaune.

Nota. La couleur du timbre de 1 sil. est de nuance très-variée.

1860. — *Chiffre indiquant leur valeur*, I. C. *sur papier blanc*, Car., Ty.

1/4 sil. rouille, 1/3 sil.   , 1/2 sil. vert, 1 sil. bleu ciel, 2 sil. rose, 3 sil. sang, 5 sil. violet, 10 sil. minium.

2° Enveloppes

1861. — *Nom de l'Office, chiffre blanc indiquant leur valeur*, O., Ty., Ti. sec et h.

1/2 sil. orange, 1 sil. rose, 2 sil. bleu, 3 sil. bistre.

ÉTATS DU SUD

1° Timbres

1850. — *Chiffre indiquant leur valeur*, I. N. *sur papier de couleur*, Car., Ty.

1 kreuzer vert clair, 3 k. bleu foncé, 6 k. rose, 9 k. jaune.

VARIÉTÉ

3 k. bleu clair.

1860. — *Chiffre indiquant leur valeur*, I. C. *sur papier blanc*, Car., Ty.

1 k. vert, 3 k. bleu, 6 k. rose, 9 k. jaune, 15 k. violet, 30 k. minium.

1862. — *Timbres semblables*.

3 k. rose, 6 k. bleu.

2° Enveloppes

1861. — *Nom de l'Office, chiffre blanc indiquant leur valeur*, Octogones, Ty., Ti. sec et h.

2 k. orange, 3 k. rose, 6 k. bleu, 9 k. bistre.

ANHALT-BERNBOURG (Duché d')

Timbres de l'Office de Prusse.

ANHALT-CŒTHEN (Duché d')

Timbres de l'Office de Prusse.

ANHALT-DESSAU (Duché d')

Timbres de l'Office de Prusse

AUSTRALIE

(Voir GRANDE-BRETAGNE — POSSESSIONS)

AUTRICHE (Empire d')

1° Timbres

1er Juin 1850. — *Armoiries*, I. C., R., Ty.

1 k. jaune, 2 k. noir, 3 k. rouge, 6 k. brun, 9 k. bleu.

1er Novembre 1858. — *Figurine blanche regardant à gauche*, I. C., R., P. Ty., Ti. sec et h.

2 k. jaune, 3 k. noir, 5 k. rouge, 10 k. brun, 15 k. bleu.

» — *Timbre semblable*.

2 k. orange, 3 k. vert.

15 Janvier 1861. — *Figurine blanche regardant à droite*, I. C., R., P., Ty., Ti. sec et h.

2 k. jaune, 3 k. vert, 5 k. rouge, 10 k. rouge brun, 15 k. bleu.

Timbres complémentaires.

1er Juin 1850. — *Croix de Saint-André de couleur sur papier blanc.*, R., Ty.

Jaune, noir, rouge, brun, bleu.

1er Novembre 1858. — *Croix de Saint-André blanche sur fond de couleur*, R., P., Ty.

Jaune, noir, rouge, brun, bleu.

» — *Timbre semblable.*

Vert.

1861. — *Quatre triangles de couleur laissant blancs une Croix de St-André et un filet en dedans de la piqûre*, R., P., Ty.

Jaune, vert, rouge, brun, bleu.

Zeitungs stampel

» — *Tête de Mercure*, I. C., Car., Ty.

Bleu, rose, jaune.

1er Novembre 1858. — *Figurine blanche regardant à gauche.* I. C., R., Ty., Ti. sec et h.

Bleu, lilas.

15 Janvier 1861. — *Figurine blanche regardant à droite*, I. C., R., Ty., Ti. sec et h.

Violet pâle.

» — *Armoiries*, I. C., Car., Ty.

1 k. noir, 2 k. vert foncé.
2 k. vert-de-gris.
1 k. bleu, 2 k. rouge vif, 4 k. rouge.
2 k. chocolat.

2° Enveloppes

15 Janvier 1861. — *Semblables aux timbres de même émission.*

3 k. vert, 5 k. rouge, 10 k. rouge brun, 15 k bleu, 20 k. orange, 25 k. brun foncé, 30 k. violet, 35 k. brun clair.

LOMBARDO-VÉNÉTIE

1er Juin 1850. — *Armoiries*, I. C., R., Ty.

5 cent. jaune, 10 cent. noir, 15 cent. rouge, 30 cent. brun, 45 cent. bleu.

1er Novembre 1858. — *Figurine blanche regardant à gauche*, I. C., R., P., Ty., Ti. sec et h.

2 soldi jaune, 3 s. noir, 5 s. rouge, 10 s. brun, 15 s. bleu.

NOTA. Depuis l'annexion de la Lombardie au royaume de Sardaigne (1859), on emploie dans cette province les timbres-poste des États sardes.

VÉNÉTIE

1° Timbres

15 Janvier 1861. — *Figurine blanche regardant à droite*, I. C, R., P., Ty., Ti. sec et h.

2 soldi jaune, 3 s. vert, 5 s. rouge, 10 s. rouge brun, 15 s. bleu.

2° Enveloppes

15 Janvier 1861. — *Semblables aux timbres de même émission.*

3 soldi vert, 5 s. rouge, 10 s. rouge brun, 15 s. bleu, 20 s. orange, 25 s. brun foncé, 30 s. violet, 35 s. brun clair.

BADE (Grand-Duché de)

1° Timbres

1er Mai 1851. — *Nom, chiffre indiquant leur valeur*, I. N, Car., Ty.

1 k. chamois, 3 k. jaune, 6 k. vert, 9 k. blanc.

» — *Timbre semblable.*

6 k. chamois.

1855. — *Timbres semblables.*

1 k. blanc, 3 k. vert, 6 k. jaune, 9 k. rose.

1859. — *Timbre semblable.*

3 k. bleu.

1er Janvier 1861. — *Nom, armoiries*, I. C., Car., P., Ty.

1 k. noir, 3 k. bleu terne, 6 k. orange, 9 k. rose.

1861. — *Timbres semblables.*

3 k. outremer, 6 k. jaune orangé.

2° Enveloppes

1er Septembre 1858. — *Figurine blanche regardant à droite*, O. Ty., Ti. sec et h.

3 k. bleu, 6 k. jaune, 9 k. rose, 12 k. bistre, 18 k. rouge brique.

BAHAMA (Iles)

(Voir GRANDE-BRETAGNE. — POSSESSIONS)

BARBADE (Ile)

(Voir GRANDE-BRETAGNE. — POSSESSIONS)

BAVIÈRE (Royaume de)

[illegible] — *Nom, Chiffre dans un carré indiquant la valeur du timbre*, I. N., Car., Ty.

1 k blanc, 3 k. bleu, 6 k. violet, 9 k. rouge.

1851. — *Nom, chiffre dans un cercle indiquant la valeur du timbre*, I. C., Car., Ty.

1 k. rose, 3 k. bleu, 6 k. marron clair, 9 k. vert.

1858. — *Timbre semblable.*

12 k. rouge foncé, 18 k. jaune.

Essais de l'émission de 1851, I. N. *sur papier de couleur.*

1 k. bleu; mauve; bistre, 3 k. bleu, 6 k. brun, 9 k. bistre; vert.

BELGIQUE (Royaume de)

17 Juin 1849. — *Figurine sans encadrement*, I. C. R., T. D.

10 cent. noir, 20 cent. bleu.

Juin 1850. — *Figurine dans un ovale*, I. C. *sur papier blanc;* R., T. D.

40 cent. rouge.

10 Août 1850. — *Timbres semblables.*

10 cent. noir, 20 cent. bleu.

1er Juin 1861. — *Timbre semblable*, I. C. *sur papier vert clair.*

1 cent. vert.

BERGEDORF (Ville de)

Dépendant des républiques de LUBECK et de HAMBOURG

[illegible] — *Nom, armoiries*, I. N. *sur papier de couleur*, Car. *de différentes dimensions*, Ty.

1/2 sch. violet, 1 sch. blanc, 1 1/2 sch. jaune, 3 sch. rose foncé, 4 sch. fauve.

1861. — *Timbre semblable.*

1/2 sch. bleu.

1861. — *Nom, armoiries,* I. C., *sur papier rose,* Car., Ty.

3 sch. bleu.

BRÊME (République de)

1° Timbres

» — *Nom, armoiries,* I. N., R., Ty.

Stadt post amt : 3 grote bleu.

» — *Armoiries,* I. N., R., Ty.

5 grote rose, 7 gr. jaune.

VARIÉTÉ OU ESSAI.

7 grote gris perle.

» — *Nom, armoiries,* I. C., R., Ty.

5 sgr. vert.

1861. — *Nom, armoiries,* I. N., R., P., Ty.

10 grote blanc.

2° Enveloppes

» — *Nom, frappée avec un timbre à main, armoiries, sans indication de valeur.*

Stadt post amt. (Correspondance locale de la ville de Brême.)

BRÉSIL (Empire du)

» — *Chiffres droits ornés indiquant la valeur du timbre,* I. N., R. 26/30, Ty.

30 reis, 60 reis, 90 reis.

» — *Chiffres italiques indiquant la valeur du timbre,* I. N., R., 16/22, Ty.

10 reis, 30 reis, 60 reis, 90 reis, 180 reis, 300 reis, 600 reis.

» — *Chiffres droits indiquant la valeur du timbre.* I. N., R. 15/19, Ty.

10 reis, 20 reis, 30 reis, 60 reis, 90 reis, 180 reis, 300 reis, 600 reis.

» — *Timbres de même espèce* I. *en bleu.*

10 reis, 30 reis.

1861. — *Timbres semblables,* I. C.

280 r. rouge,

430 r. orange.

BRUNSWICK (Duché de)

1° Timbres

1er Janvier 1852. — *Nom, armoiries.* I. C., R., Ty.

1 sil. rose, 2 sil. bleu, 3 sil. minium.

1854. — *Nom, armoiries,* I. N., R., Ty.

1/4 sil, cachou, 1/3 sil. blanc, 1 sil. orange foncé, 2 sil. bleu, 3 sil. rose.

» — *Armoiries,* I. N., Car., Ty.

4/4 ggr. cachou.

» — *Nom, armoiries,* I. N., R., Ty.

1 sil. jaune.

2° Enveloppes

» — »

Stadt post freimarke.

» — *Armoiries blanches,* O., Ty., Ti. sec et h.

1 sil. jaune, 2 sil. bleu, 3 sil. rose.

BUENOS-AYRES

(Voir Confédération Argentine)

» — *Nom, vaisseau,* I. C., R., Ty.

1 peso bleu, 2 p. bleu, 4 p. vermillon, 5 p. brun.

VARIÉTÉS

1 peso bistre, 4 p. terre de Sienne, 5 p. jaune brun.

» — *Nom, tête de la Liberté,* I. C., R., Ty.

1 peso bleu, 2 p. rouge.

» — *Timbre semblable imprimé sur papier bleuté.*

4 r. vert.

CANADA

(Voir Grande-Bretagne. — Possessions)

CAP DE BONNE-ESPÉRANCE

(Voir Grande-Bretagne. — Possessions)

CEYLAN (Ile de)

(Voir Grande-Bretagne. — Possessions)

CHILI (République du)

» — *Nom, figurine*, I. C., R., T. D.

1 centavo , 5 cent. rouge, 10 cent. bleu, 20 cent.

Nota. Les couleurs de ces timbres sont de nuances très-variées.

COLOMBIE ET ILE DE VANCOUVER

(Voir Grande-Bretagne. — Possessions)

CONFÉDÉRATION ARGENTINE

(Voir Buenos-Ayres)

» — *Nom , Armoiries*, I. C., R., Ty.

5 centavos rouge, 10 centavos vert, 15 centavos bleu.

CONFÉDÉRATION GRENADINE

» — *Nom (Confed. Grenadina), Armoiries*, I. C., R. *avec des pans coupés*, 21/16, Ty.

2 1/2 cent. vert, 5 cent. violet, 10 cent. chocolat, 20 c. bleu.

» — *Timbres de même espèce, différents des précédents en ce qu'il existe un plus grand espace entre les bordures intérieures du timbre et le cercle renfermant les armoiries.*

2 1/2 cent. vert, 5 cent. violet, 10 cent. rouge, 20 cent. bleu.

1861. — *Nom (Estados-Unidos de Nueva Grenadina), armoiries*, I. C., R., 25/20, Ty.

5 cent. jaune, 9 cent. 10 c. bleu, 20 c. rouge, 1 peso.

CUBA (Ile de)

(Voir Espagne. — Possessions)

DANEMARCK (Royaume de)

1851. — *Indication de la valeur au milieu du timbre*, I. C., Car., Ty.

2 r. b. schilling bleu, 3 thiele noir.

» — *Couronne et épées croisées*, I. C., Car., Ty.

4 r. b. s. bistre.

Nota. — La couleur de ce timbre est de nuance très-variée.

» — *Timbres de même espèce, champ sablé.*

2 s. bleu, 4 s. bistre, 8 s. vert, 16 s. violet.

» — *Timbres de même espèce, lignes ondulées dans le champ.*

4 s. bistre, 8 s. vert.

Nota. — La couleur du timbre de 4 s. est de nuance très-variée.

ESSAIS

Tête de Mercure, 4 r. b. s. (1 1/4 s.) brun.

Effigie du Roi, 8 r. b. s. (2 1/2 s.) brun.

SCHLESWIG-HOLSTEIN (Duchés de)

1848. — *Nom, armoiries blanches,* I. C., R. Ty., Ti. sec et h.

1 sch. bleu, 2 s. rose.

POSSESSIONS

SAINT-THOMAS (Ile). — ANTILLES

» — *Couronne et épées croisées,* I. C. *sur papier jaune clair, champ sablé,* Car., Ty.

3 cents rouge.

1861. — *Timbre semblable sur papier rouge.*

3 cents rouge.

DEUX-SICILES (Royaume des)

ÉTATS DE TERRE FERME

1858. — *Nom, armoiries,* I. C. *lie de vin; les 3 premiers* Car., *les autres* R., T. D.

1/2 grano, 1 gr., 2 gr., 5 gr., 10 gr., 20 gr., 50 gr.

Gouvernement provisoire

Octobre 1860. — *Nom, mêmes armoiries que sur les précédents,* I, C., Car., T. D.

1/2 tornèse bleu.

Novembre 1860. — *Nom, Croix de Savoie,* I. C., Car., T. D.

1/2 tornèse bleu.

SICILE

1858. — *Nom, figurine,* I. C., R. 24/20, T. D.

1/2 tornèse orange, 1 gr. brun, 2 gr. bleu, 5 gr. rouge, 10 gr. indigo, 20 gr. noir, 50 gr. grenat.

ESSAI

» — *Nom, figurine,* I. C., R. 22/18, T. D.

10 gr. bleu.

ESPAGNE (Royaume d')

Correo interior.

Avant 1850. — *Armoiries (Ours montant sur un arbre), bronzés*, R., T. D.

1 cuarto, 2 c., 3 c.

1850. — *Figurine, millésime indiqué*, I. C., R., T. D.

6 c. noir, 12 c. violet, 5 reales rouge, 6 r. bleu, 10 r. vert.

1851. — *Timbres de même espèce.*

6 c. noir, 12 c. violet, 2 r. rouge, 5 r. rose, 6 r. bleu, 10 r. bleu.

1852. — *Timbres de même espèce.*

6 c. rose, 12 c. violet foncé, 2 r. rouge, 5 r. vert, 6 r. bleu clair.

1853. — *Timbres de même espèce.*

6 c. rouge, 12 c. violet, 2 r. rose, 5 r. vert, 6 r. bleu.

1854. — *Armoiries, millésime indiqué, sauf sur le timbre de* 2 c., I. C., R., Ty.

2 c. vert, 4 c. rouge, 6 c. rouge, 1 r. noir, 2 r. rouge, 5 r. vert, 6 r. bleu.

1855. — *Figurine dans un cercle entouré de perles, papier vergé bleuté*, I. C., R., Ty.

2 c. vert, 4 c. grenat, 1 real bleu, 2 reales marron.

1856. — *Timbres semblables, papier vergé blanc.*

2 c. vert, 4 c. rouge, 1 real bleu, 2 reales marron.

1857. — *Timbres semblables, papier mécanique blanc.*

2 c. vert, 4 c. rouge, 1 real bleu, 12 c. rouge orange, 2 reales grenat.

1er Mars 1860. — *Figurine dans un cercle orné*, I. C., R., Ty.

2 c. vert, 4 c. jaune, 1 r. bleu, 12 c. rouge, 2 r. violet.

1861. — *Timbre semblable.*

19 c. marron.

Correo oficial.

1854. — *Armoiries, millésime indiqué*, I. N. *sur papier de couleur*, R., Ty.

1/2 onza jaune, 1 on. rose, 4 on. vert, 1 libra bleu.

1855. — *Armoiries, sans millésime*, I. N. *sur papier de couleur*, O., Ty.

1/2 on. jaune, 1 on rose, 4 on. vert, 1 libra bleu.

POSSESSIONS

ILES DE CUBA ET DE PORTO-RICO. — ANTILLES

1855. — *Figurine dans un cercle entouré de perles, papier vergé bleuté*, I. C. R., Ty.

1/2 real plata bleu, 1 r. p. vert, 2 r. p. brique.

1856. — *Timbres semblables, papier vergé blanc.*

1/2 r. p. bleu, 1 r. p. vert, 2 r. p. rouge.

1857. — *Timbres semblables, papier mécanique blanc.*

1/2 r. p. bleu, 1 r. p. vert, 2 r. p. rouge.

ILE DE LUÇON. — PHILIPPINES

1854 et 55. — *Figurine*, I. C., R., T.-D.

6 cuartos , 1 real bistre.

» — *Figurine dans un cercle entouré de perles, papier mécanique blanc*, I. C., R., Ty.

Correo interior; 5 cuartos rouge.

ÉTATS CONFÉDÉRÉS DE L'AMÉRIQUE DU NORD

» — *Nom, figurine*, I. C., R., L.

5 cents vert.

Offices particuliers

New-Orléans : Chiffre indiquant la valeur du timbre, I. C., *et portant le nom de J. L. Riddell*, R., Ty.

2 cents bleu, 5 cents marron clair.

Nashville : 5 cent.

ÉTATS ROMAINS

» — *Armoiries, les neuf premiers* I. N., *les deux derniers* I. C., Ty.

1/2 bai. (ovale) violet, 1 b. (ovale) vert d'eau, 2 b. (rect.) vert pâle, 3 b. (ovale) chamois, 4 b. (rond) jaune, 5 b. (rect.) rose, 6 b. (octogone) gris clair, 7 b. (octogone) bleu foncé, 8 b. (octogone) blanc, 50 b. (rect.) bleu, 1 scudo rouge.

Bollo straordinario.

NOTA. — Les couleurs de ces timbres sont de nuances très-variées.

ROMAGNE

Gouvernement provisoire

1859. — *Nom, indication de la valeur du timbre*, I. N. *sur papier de couleur*, R., Ty.

1/2 bai. paille, 1 b. gris, 2 b. chamois, 3 b. vert, 4 b. chocolat clair, 5 b. lilas, 8 b. rose, 20 b. bleu.

ÉTATS-UNIS DE L'AMÉRIQUE DU NORD

1° Timbres

» — *Nom (U. S. en haut du timbre), figurine*, R., T. D.

5 c. rouille sur papier lilas, 10 c. noir sur papier bleuté.

» — *Aigle*, I. C., O., T. D.

U. S. P. O. Dispatch. — Pre-paid : 1 cent bleu.

» — *Courrier*, I. C., R., Ty.

Governement's city dispatch : 1 c. noir.

» 1 c. rouge.

» — *Nom (U. S. en haut du timbre), figurine*, I. C., R., T. D.

1 cent bleu, 3 cents rouge, 5 cents marron, 10 cents vert, 12 cents noir.

1858. — *Timbres semblables*, P.

1 cent bleu, 3 cents rouge, 5 cents marron, 10 cents vert, 12 cents noir.

1860. — *Timbres semblables.*

24 cents gris, 30 cents jaune, 90 cents bleu foncé.

1861. — *Figurine*, I. C. *et portant dans les angles inférieurs les lettres U. S.*, R., P., T. D.

1 cent bleu clair, 3 cents rose, 5 cents bistre, 10 cents vert, 12 cents noir, 24 cents violet, 30 cents jaune, 90 cents bleu foncé.

2° Enveloppes

» — *Figurine*, I. C. *sur papier jaune*, O. 30/25, Ty., Ti. sec et h.

3 c. vermillon, 6 c. vert clair, 10 c. vert foncé.

Idem. — *Estampilles semblables, imprimées sur papier blanc.*

3 c. vermillon, 6 c. vert clair, 10 c. vert foncé.

» — *Nom, figurine*, I. C. *sur papier jaune*, O. 24/20, Ty., Ti. sec et h.

1 c. bleu, 3 c. vermillon, 10 c. vert.

Idem. — *Estampilles semblables, imprimées sur papier blanc.*

1 c. bleu, 3 c. vermillon, 10 c. vert.

1861. — *Figurine*, I. C., *sur papier jaune*, O., 27/24, Ty., Ti. sec et h.

1 cent. , 3 c. rose, 6 c. vermillon, 10 c. vert, 12 c. café au lait, 20 c. bleu, 24 c. vert, 30 c. , 40 c. rouge, 90 c.

1861. — *Estampilles semblables I. sur papier blanc.*

1 cent.   , 3 c. rose, 6 c. vermillon, 10 c. vert, 12 c. café au lait, 20 c. bleu, 24 c. vert, 30 c.   , 40 c. rouge, 90 c.

Offices particuliers

American express company postage : 2 c. paid.

Baltimore; Carrier's dispatch : 1 cent.

(Enveloppe) *Adanis express company :* vert sur papier jaune.

Bank et insurance city post : Noir sur fond blanc, noir sur fond jaune, carmin sur fond blanc.

Boston; Chewert towle 7 stati str. city letter delivery : 2 cents.

Boyce's city express post : 2 cents vert.

Boyd's city express post : 1 c. noir, sur papier violet clair; 2 c. noir, sur papier doré; 2 c. rouge, sur papier doré; 2 c. noir.

Brady et C° : 1 cent.

Broad-way post office.

Brooklyn city express post : 2 c. noir sur papier amaranthe.

Brown et C° : 2 cents noir.

City dispatch post : 2 cents C. C.

Essex letter express : 2 cents.

Messenkope union square post office.

M. intire city express post : 2 cents.

New-York. Post office : 5 cents noir.

Metropolitan : Rouge, 1 c., 5 c., 10 c., 20 c.

Metropolitan : Bleu à double face, 1 c., 5 c., 10 c., 20 c.

Metropolitan : Timbre sec, 2 c.

Hussey's bank et insurance city post : 1 cent.

Union square P. O. to the mail : 1 cent.

Philadelphie; Blood's penny post : Doré sur papier gris perle.

"   " Noir.

(Enveloppe). *Kochersperger et C°; Blood's dispatch for Ph. delivery.*

Price's city express post : 2 cents noir, sur papier rouge.

Smith's city express post : 2 c. paid.

Squier et Co's : 1 cent. rose pâle.

Swart's city dispatch : Tête de face jaune, tête de profil rouge.

Warwick's city dispatch : (Petite dimension), 2 c. carmin, 2 c. jaune.

(Grande dimension), 2 c. jaune.

Washington city : 1 c. dispatch.

Wells Fargo et C°; Pony express : 1 dollar rouge, 2 d. rouge, 4 d. vert.

FRANCE

Nom, figurine (effigie de la République), I. C. *sur papier de même couleur que le timbre, mais de nuance très-claire, sauf le 20 cent. qui est imprimé sur papier blanc*, R., Ty.

1er Janvier 1849 { 20 cent. noir. / 1 fr. vermillon.	1er Juillet 1850.... — 25 c. bleu.
Août 1849.... — 1 fr. carmin pâle.	23 Juillet 1850.... — 15 c. vert.
Décembre 1849 { 40 cent. orange. / 1 f. carmin foncé.	12 Septembre 1850. — 10 c. bistre.

Nota. — Le timbre de 50 centimes, autorisé par la loi du 22 mai 1850, n'a pas été fait.

Essais des Timbres à l'effigie de la République.

1 fr. noir; groseille. — 20 cent. bleu. — 15 cent. bistre. — 10 c. marron clair. — 1858 (sans valeur), vert; jaune d'or.

Nom, figurine (effigie du Président), I. C., *sur papier de même couleur que le timbre, mais de nuance très-claire*, R. Ty.

12 Août 1852. — 25 cent. bleu. | » Septembre 1852. — 10 c. bistre.

Timbres semblables (effigie de l'Empereur)

» Août 1853..... — 10 c. bistre.	» Octobre 1854 .. — 80 c. carmin.
17 Août 1853.... — 1 fr. carmin.	4 Novembre 1854. — 5 cent. vert.
8 Septembre 1853. — 40 c. orange.	» 1860. — 80 cent. rose.
3 Novembre 1853. — 25 c. bleu.	1er Novembre 1860. — 1 c. vert olive
1er Juillet 1854... — 20 c. bleu.	» 1861. — 5 c. vert de lumière

Nom, figurine (effigie de l'Empereur, tête laurée).

2 c. , 4 c.

Chiffre taxe, sur papier blanc.

1er Janvier 1859. L. — 10 c. noir. | » 1859. Ty. — 10 cent. noir.

POSSESSIONS

COLONIES FRANÇAISES

Moins la Nouvelle-Calédonie

1er Janvier 1860. — *Nom, aigle couronné*, I. C., Car., Ty.

10 cent. bistre, 40 cent. orange.

NOUVELLE-CALÉDONIE. — OCÉANIE

1860. — *Nom, figurine (effigie de l'Empereur)*, R., L.

10 cent. gris foncé.

NOTA. — Il y a des différences sensibles entre les divers dessins de ce timbre.

RÉUNION (Ile de la) — MER DES INDES

1852. — *Nom, millésime indiqué*, I. N., *sur papier de couleur.*

30 cent. vert.

FRANCFORT-SUR-LE-MEIN (Ville libre de)

Timbres de l'office Tour et Taxis (États du Sud)

GORÉE (Ile de) ET DÉPENDANCES. — AFRIQUE

(Voir FRANCE. — POSSESSIONS)

GRANDE-BRETAGNE (Royaume de la)

1° Timbres

10 Janvier 1840. — *Figurine, sans ligne blanche au-dessous du mot Postage, ni au-dessus de l'indication de la valeur*, I. C. *sur papier blanc, lettres dans les angles inférieurs*, R., T. D.

1 penny noir.

» — *Timbres semblables sur papier blanc.*

1 p. brun, 2 p. bleu.

» — *Timbres semblables sur papier bleuté.*

1 p. brun, 2 p. bleu.

» — *Figurine, avec ligne blanche au-dessous du mot Postage et au-dessus de l'indication de la valeur*, I. C. *sur papier bleuté, lettres dans les angles inférieurs*, R., T. D.

2 p. bleu.

» — *Timbre semblable sur papier blanc.*

2 p. bleu.

» — *Figurine blanche*, I. C., Octogone, Ty., Ti. sec et h.

6 p. violet, 10 p. brun, 1 sh. vert.

» — *Figurine, le 1 penny sans ligne blanche au-dessous du mot Postage, ni au-dessus de l'indication de la valeur; le 2 pence avec lignes blanches aux mêmes endroits, lettres dans les angles inférieurs*, I. C., R., P., T. D.

1 p. brun, 2 p. bleu.

» — *Figurine*, I. C., R., P., T. D.

4 p. rose, 6 p. violet, 1 sh. vert.

1860. — *Figurine, lettres dans les quatre angles*, I. C., R., P., T. D.

2 p. bleu.

Janvier 1862. — *Timbres semblables.*

1 1/2 p. , 3 p. , 4 p. rouge , 9 p. marron très-clair.

Nota. — Les couleurs des timbres de 1 p. et de 2 p. sont de nuances très-variées.

2° Enveloppes

1840. — *Enveloppes avec vignettes*, I. C., Ty.

1 p. noir, 2 p. bleu.

» — *Figurine blanche regardant à gauche*, O., Ty., Ti. sec et h.

1 p. rose, 2 p. bleu.

» — *Figurine de diverses formes et dimensions, avec indication du millésime*, Ty., Ti. sec et h.

1 p. rose, 2 p. bleu, 3 p. rose giroflée, 4 p. rouge sang, 6 p. violet, 1 sh. vert.

Janvier 1862. — » »

1 1/2 p.

Offices particuliers

Mêmes enveloppes que celles de l'Office des Postes du Gouvernement, mais avec addition de l'adresse de la maison.

Smith Elder et C°.

1 p. rose, 2 p. bleu.

Stevens et Morton.

1 p. rose.

Pawson.

1 p. rose.

British Workmen.

1 p. rose.

Enveloppes portant des inscriptions.

Intempérance, etc. — Nation schall, etc. — Arbitration for war, etc.

POSSESSIONS

AUSTRALIE DU SUD. — OCÉANIE

» — *Nom, figurine*, I. C., R., T. D.

1 p. vert, 2 p. brique, 4 p. , 6 p. bleu, 1 sh. orange.

VARIÉTÉ

6 p. violet de différentes nuances.

» — *Nom, figurine,* I. C., R., Ty.

9 p. gris.

AUSTRALIE OCCIDENTALE. — OCÉANIE

» — *Nom, cygne,* I. C. *sur papier gris, de diverses formes,* Ty.

1 p. noir R., 2 p. orange et bronzé, octogone, 4 p. bleu, octogone, 6 p. bronzé, octogone, 1 sch.

» — *Nom, cygne,* I. C. *sur papier blanc, de diverses formes,* Ty.

1 p. noir R., 2 p. orange R., 4 p. bleu, octogone, 6 p. vert R., 1 sch. marron, octogone.

1861. — *Nom, cygne,* I. C. *sur papier blanc, de diverses formes,* P. Ty.

1 p. rose R., 2 p. , 4 p. , 6 p. pourpre R., 1 sh.

BAHAMA (Iles). — ANTILLES

» — *Nom, figurine,* I. C., R., T. D.

1 p. carmin foncé , 4 p.

BARBADE (Ile). — ANTILLES

» — *Nom, figurine, sans indication de valeur,* I. C. *sur papier bleuté,* R., T. D.

Brique.

» — *Timbres semblables sur papier blanc.*

Brique, bleu, vert, brun.

» — *Timbres semblables avec indication de valeur.*

6 p. rouge, 1 sh. noir.

» — *Nom, figurine, sans indication de valeur,* I. C. *sur papier blanc,* R., P., T. D.

Bleu.

» — *Timbres semblables avec indication de valeur.*

6 p. rouge.

CANADA. — AMÉRIQUE DU NORD

1° Timbres

» — *Nom, figurine sauf le 3 p.,* I. C., R., T. D.

1/2 penny rose, 3 p. (castor) rouge, 6 p. noir, 6 p. sterling (6 d.) vert, 10 p. (8 d.) bleu, 12 p.

» — *Timbres semblables*, P.

1/2 p. rose, 3 p. (castor) rouge, 6 p. noir, 6 p. sterling (6 d.) vert, 10 p. (8 d.) bleu.

» — *Figurine sauf le 5 cents*, I. C., R., P., T. D.

1 cent. rose, 5 c. (castor) rouge, 10 c. noir, 12 1/2 c. (6 p. st.) vert, 17 c. bleu.

2° Enveloppes

» — *Figurine blanche regardant à gauche*, O., Ty., Ti. sec et h.

5 c. rouge, 10 c., marron.

ESSAIS

» — *Figurine (Reine)*, I. C., R., T. D.

12 1/2 cents (6 p. st.), bleu violacé, 12 1/2 cents (6 p. st.), noir.

CAP DE BONNE-ESPÉRANCE. — AFRIQUE

» — *Nom, figurine*, I. C. *sur papier bleuté, triangulaire*, T. D.

1 p. brique, 4 p. bleu, 6 p. violet, 1 sch. vert.

» — *Timbres semblables sur papier blanc.*

1 p. brique, 4 p. bleu, 6 p. violet, 1 sh. vert

VARIÉTÉ

4 p. noir.

1861. — *Timbres semblables*, L.

1 p. brique, 4 p. bleu.

CEYLAN (Ile de) — ASIE

1° Timbres

» — *Nom, figurine*, I. C., *les 4, 8, 9 pence, 1 sh. 9 p. et 2 sh. octogones, les autres* R., Ty.

1/2 p. violet, 1 p. bleu, 2 p. vert, 4 p. rouge, 5 p. bistre foncé, 6 p. brun, 8 p. marron clair, 9 p. brun, 10 p. rouille, 1 sh. violet, 1 sh., 9 p. vert, 2 sh. bleu.

1861. — *Timbres semblables*, P.

1/2 p. violet, 1 p. bleu, 2 p. vert, 4 p. rouge, 5 p. bistre foncé, 6 p. brun, 8 p. marron clair, 9 p. brun, 10 p. rouille, 1 sh. violet, 1 sh. 9 p. vert, 2 sh. bleu.

2° Enveloppes

» — *Nom, figurine blanche regardant à gauche,* O., Ty., Ti. sec et h.

1 p. bleu, 4 p. rose, 5 p.   , 6 p. brun, 8 p.   , 9 p.   ,
1 sh. jaune, 1 sh., 9 p.   , 2 sh.

COLOMBIE ET ILE DE VANCOUVER. — AMÉRIQUE DU NORD

» — *Nom, figurine,* I. C., R., P., T. D.

1/2 p.   , 2 p.   , 2 1/2 p. rose.

GRENADE (Ile de) — ANTILLES

» — *Nom, Figurine,* I. C., R., P., T. D.

1 p. vert,   6 p. rose foncé.

GUIANE — AMÉRIQUE DU SUD

1853 à 1859. — *Nom, armoiries (vaisseau),* I. C.; *le mot Guiana sur le côté droit du timbre,* R., Ty.

1 c.   , 2 c.   , 4 c. bleu.

1860. — *Nom, armoiries (vaisseau),* I. C., *le mot Guiana en haut du timbre,* R., Ty.

1 c. rose, 2 c. orange, 4 c. bleu, 8 c. rose, 12 c. gris perle, 24 c. vert.

VARIÉTÉS

1 c. rouge clair.

ILES IONIENNES (République des)

» — *Nom, figurine,* I. C., *sans désignation de valeur,* R., T. D.

Jaune, bleu, rouge.

INDE. — ASIE

INDE TRANSGANGÉTIQUE

1854. — *Nom, figurine,* I. C., *les 3 premiers* R., *le dernier octogone,* Ty.

1/2 anna bleu, 1 a. rouge, 2 a. vert, 4 a. rouge et bleu.

ESSAI OU VARIÉTÉ

1/2 anna rouge.

EMPIRE ANGLO-INDIEN

1° Timbres

1854. — *Nom, figurine,* I. C. *sur papier bleuté,* R., P., T. D.

1/2 a. bleu, 1 a. brun, 2 a. orange, 4 a. noir, 8 a. rose.

» — *Timbres semblables sur papier blanc.*

1/2 a. bleu, 1 a. brun, 2 a. orange, 4 a. noir, 8 a. rose.

» — *Timbre semblable.*

2 a. rose.

» — *Timbre semblable.*

8 pies violet.

2° Enveloppes

» — *Nom, figurine blanche regardant à gauche, papier blanc,* Rondes, Ty., Ti. sec et h.

1/2 anna bleu.

» — *Enveloppe semblable, papier bleuté.*

1 a. marron

Office particulier.

Smith Elder et C°. — Mêmes enveloppes que celles indiquées aux Offices particuliers de la Grande-Bretagne.

JAMAIQUE (Ile de la) — ANTILLES

» — *Nom, figurine,* I. C., B., P., T. D.

1 p. bleu, 2 p. rose foncé, 4 p. bistre, 6 p. violet, 1 sh. brun.

MALTE (Ile de) — EUROPE

» — *Nom, figurine,* I. C., R., P., T. D.

1/2 p. bistre.

MAURICE (Ile) — AFRIQUE

1° Timbres

» — *Nom, figurine, sans indication de valeur,* I. C. *sur papier bleuté,* R., T. D.

Rouge, vert, violet.

Timbres semblables, avec indication de valeur.

6 p. bleu.

» — *Nom, figurine, sans indication de valeur,* I. C. *sur papier blanc,* R., T. D.

Rouge, vert, violet.

» — *Timbres semblables avec indication de valeur.*

9 p. bleu, 1 shil. rouge.

» — *Nom, figurine,* I. C., R., *gravés à la pointe sèche.*

1 penny rouille, 2 p. bleu.

NOTA. On trouve de grandes différences dans la gravure de ces 2 timbres.

» — *Nom, figurine, entourage grec,* I. C., R., Ty.

1 p. rouge, 2 p. bleu.

» — *Nom, figurine,* I. C., R., P., T. D.

1 p. brun, 2 p. bleu, 4 p. rose, 9 p. violet.

2° Enveloppes

» — *Nom, figurine,* Rondes, Ty., Ti. sec et h.

6 p. gris fer, 9 p.

NATAL. — AFRIQUE

1° Timbres

» — *Nom, armoiries, papier de couleur,* R., Ti. sec.

1 p. maïs, 3 p. rose, 6 p. vert, 9 p. bleu, 1 sh. café au lait.

» — *Nom, figurine,* I. C., R., P., T. D.

1 p. grenat, 3 p. bleu, 6 p.

2° Enveloppes

»

4 p.

NEVIS (Ile de) — ANTILLES

1861. —

1 p. , 4 p. , 6 p. , 1 sh.

NOUVEAU BRUNSWICK. — AMÉRIQUE DU NORD

» — *Nom, fleurs et couronne au milieu,* I. C., Car., Ty.

3 p. bistre, 6 p. jaune, 1 sh. violet.

» — *Nom,* I. C., R., T. D.

1 c. (ch. de fer) noir, 5 c. (Reine) vert, 10 c. (Reine) rouge, 12 1/2 c. (Bateau à vapeur) bleu, 17 c. (Prince de Galles) noir.

1861. — *Timbres semblables,* P.

5 c. (Reine) vert.

ESSAI

5 cents, figurine (buste d'homme) noir.

NOUVELLE ÉCOSSE. — AMÉRIQUE DU NORD

» — *Nom, fleurs et couronne au milieu, sauf celui de 1 p. qui porte l'effigie de la reine Victoria,* I. C., Car., Ty.

1 p. brun, 3 p. bleu, 6 p. vert, 1 sh. violet.

» — *Nom, figurine,* I. C., R., P., T. D.

1 c. noir, 5 c. bleu, 8 1/2 c. vert, 10 c. rouge, 12 1/2 c. noir.

NOUVELLE GALLES DU SUD. — OCÉANIE

» — *Vue de Sidney dans un écusson rond et portant en exergue : Sigillum Nov. Camb. Aust.*, et en bas : *Sic fortis curia crevit,* I. C., R., Ty.

1 p. rouge, 2 p. noir, 3 p. vert.

» — *Timbre semblable.*

2 p. bleu.

VARIÉTÉ

2 p. violet.

» — *Nom, figurine avec couronne de lauriers,* I. C., *sur papier azuré,* R., T. D.

1 p. rouge, 2 p. bleu, 3 p. vert, 6 p. brun, 8 p. jaune, 1 sh.

» — *Timbres semblables sur papier blanc.*

1 p. rouge, 2 p. bleu, 3 p. vert.

» — *Nom, figurine avec diadème,* I. C., R., T. D.

1 p. rouge, 2 p. bleu, 3 p. vert.

» — *Nom, figurine avec diadème,* I. C., Car., T. D.

6 p. gris, 8 p. jaune, 1 sh. rouge.

» — *Nom, figurine avec diadème* I. *en deux* C., O., T. D.

Registered : rouge et bleu; jaune et bleu.

» — *Nom, figurine, avec diadème,* I. C., R., P., T. D.

1 p. rouge, 2 p. bleu, 3 p. vert.

» — *Nom, figurine avec diadème,* I. C., Car., P., T. D.

6 p. noir, 8 p. jaune, 1 sh. rouge.

1861. — *Timbres semblables.*

5 p. vert, 6 p. violet, 1 sh. rose.

» — *Nom, figurine,* I. C. rond, R. T. D.

5 sh. violacé.

» — *Nom, figurine avec diadème,* I. *en deux* C., O., P., T. D.

Registered : rouge et bleu; jaune et bleu.

Nota. — Les couleurs de tous les timbres carrés sont de nuances très-variées.

NOUVELLE-ZÉLANDE. — OCÉANIE

» — *Nom, figurine,* I. C., *sur papier bleuté,* R., T. D.

1 p. brique, 2 p. bleu, 6 p. , 1 sh. vert.

» — *Timbres semblables sur papier blanc.*

1 p. jaune, 2 p. bleu, 6 p. brun, 1 sh. vert.

OCÉAN

» —

Océan penny postage : Vaisseau, Matelot, Bateau à vapeur, Ange.

PRINCE-ÉDOUARD (Ile du) — AMÉRIQUE DU NORD

» — *Nom, figurine,* I. C., R., P., Ty.

1 p. orange, 2 p. rose, 3 p. bleu, 6 p. vert, 9 p. lilas, 1 sh.

QUEENSLAND. — OCÉANIE

» — *Nom, figurine,* I. C., R., T. D.

1 p. rouge, 2 p. bleu, 3 p. brun, 6 p. vert. 1 sh. gris violet.

Registred : Maïs.

» — *Timbres semblables,* P.

1 p. rouge, 2 p. bleu, 3 p. brun, 6 p. vert, 1 sh. gris violet.

Registered : Maïs.

SAINTE-HÉLÈNE (Ile) — AFRIQUE

» — *Nom, figurine,* I. C., R., T. D.

6 p. bleu.

» — *Timbre semblable,* P.

6 p. bleu.

SAINTE-LUCIE (Ile) — ANTILLES

» — *Nom, figurine,* I. C., R., P., T. D.

Rouge, bleu, vert.

SAINT-VINCENT (Ile) — ANTILLES

» — *Nom, figurine,* I. C., R., P., T. D.

1 p. rouge, 6 p. vert.

» — *Timbres semblables,* P.

1 p. rouge, 6 p. vert.

SIERRA-LEONE — AFRIQUE

» — *Nom, figurine,* I. C., R., P., T. D.

6 p. violet.

TASMANIE

(Voir Terre de VAN DIEMEN)

TERRE-NEUVE (Ile de) — AMÉRIQUE DU NORD

» — »

8 p.

» — *Nom, fleurs et couronne au milieu*, I. C., Car., Ty.

1 p. brun, 5 p. brun.

» — *Nom, trois bouquets de fleurs, triangulaire*, Ty.

3 p. vert.

» — *Nom, bouquet de fleurs au milieu*, I. C. *rouge*, R., Ty.

1/2 p., 2 p., 4 p., 6 p., 6 1/2 p., 8 p., 1 sh.

TRINITÉ (Ile de la) — ANTILLES

» — *Nom, figurine presque invisible*, I. C., T. D., *sans indication de valeur*, R.

Rouge, bleu, gris.

» — *Nom, figurine*, I. C., *sans indication de valeur, sur papier bleuté*, R., T. D.

Rouge, noir.

» — *Timbres semblables sur papier blanc.*

Rouge, bleu, gris, vert, noir.

» — *Nom, figurine*, I. C., *avec indication de valeur*, R., T. D.

4 p. violet, 6 p. vert, 1 sh. bleu.

» — *Nom, figurine*, I. C., *sans indication de valeur*, R., P., T. D.

Rouge.

» — *Nom, figurine*, I. C., *avec indication de valeur*, R., P., T. D.

4 p. violet, 6 p. vert, 1 sh. bleu.

VAN DIEMEN (Terre de) (Tasmanie). — OCÉANIE

» — *Nom, figurine, tête regardant à droite*, I. C., *octogone*, Ty.

1 p.   , 4 p. bistre, 10 p.

» — *Nom, figurine, tête de face*, I. C., R., T. D.

1 p. bistre, 2 p. vert, 4 p. bleu.

VARIÉTÉ

2 p. vert sur papier bleuté.

» — *Nom, figurine,* I. C., *avec le mot Tasmanie,* Octogone, T. D.

6 p. violet, 1 sh. brique.

VARIÉTÉ

6 p. gris bleu.

VICTORIA. — OCÉANIE.

» — *Nom, figurine (Reine en buste),* I. C., R., T. D.

1 p. bistre, 2 p. —, 3 p. bleu clair.

» — *Timbres semblables:*

1 p. rouge, 3 p. bleu foncé.

— *Timbre semblable,* P.

3 p. bleu foncé.

» — *Nom, figurine (Reine sur un trône),* I. C., R., T. D.

1 p. vert, 2 p. brun, 6 p. bleu.

» — *Timbre semblable.*

6 p. noir.

» — *Nom, figurine,* I. C., R., *sauf le* 1 *sh. qui est octogone,* T. D.

1 p. vert, 2 p. violet, 4 p. brique, 6 p. jaune, 1 sh. bleu, 2 sh. vert-de-gris.

» — *Nom, figurine,* I *en deux couleurs,* R., Ty. *et* T. D.

Too late : 6 p. gris foncé et vert; registered : 1 sh. rose et bleu.

» — *Nom, figurine,* I. C., R., *sauf le* 1 *sh. qui est octogone,* P., T. D.

1 p. vert, 2 p. violet, 4 p. rose, 6 p. jaune, 1 sh. bleu, 2 sh. vert-de-gris.

» — *Timbre semblable.*

6 p. noir.

1860. — *Nom, figurine,* I. C., *avec indication de la valeur du timbre de chaque côté,* R., P., T. D.

3 p. bleu, 4 p. rose, 6 p. noir

1861. — *Timbre semblable.*

6 p. orange.

GRÈCE (Royaume de)

Octobre 1861. — *Nom, figurine,* I. C. *sur papier blanc, sauf le* 10 *et le* 40 *qui sont sur papier bleuté,* R., Ty.

1 l. marron, 2 l. bistre, 5 l. vert, 10 l. brique, 20 l. bleu, 40 l. violet, 80 l. rouge.

1861. — *Timbres semblables, portant imprimée par dessous, en chiffres, l'indication de leur valeur.*

10 l. brique, 20 l. bleu.

ESSAIS

1 lepton noir sur papier bistré.

20 lepta indigo sur papier blanc.

GRENADE (Ile de)

(Voir Grande-Bretagne. — Possessions)

GUADELOUPE (Ile de la) et dépendances — Antilles

(Voir France. — Possessions)

GUIANE. — Amérique du Sud

(Voir France et Grande-Bretagne. — Possessions)

HAMBOURG (République de)

1er Janvier 1859. — *Nom, chiffre indiquant la valeur du timbre,* I. C., *sur papier blanc,* R., Ty.

1/2 sch. noir, 1 sch. marron, 2 sch. rouge, 3 sch. bleu, 4 sch. vert, 7 sch. minium, 9 sch. jaune.

Office particulier

C. Hamer et Ce. — Institut Hambourg Boten.

1° Timbres

1861. — *Nom, chiffre indiquant la valeur du timbre,* I. N., R., Ty.

1/2 sch. groseille, 1 sch. , 2 sch.

2° Enveloppes

1861. — *Nom, chiffre indiquant la valeur, papier nankin,* Rond, Ti. sec et h., Ty.

1/2 sch. vermillon, 1 sch. 2 sch.

» — *Timbre semblable sur papier blanc.*

1/2 sch. vermillon, 1 sch. , 2 sch.

HANOVRE (Royaume de)

1° Timbres

Juillet 1851. — *Nom, indication de leur valeur,* I. N., *sur papier de couleur,* R., Ty.

1 guteng. vert, 1/30 th. rouge pâle, 1/15 th. bleu, 1/10 th. jaune.

» — *Timbres semblables.*

1 ggr. bleu, 1/30 th. rouge foncé.

15 avril 1853. — *Nom, chiffre indiquant la valeur, I. C. sur papier gris.*

3 pf. rouge.

1858. — *Nom, indication de la valeur, papier blanc, burelés en couleur, I. N. sauf le second qui est rouge,* R., Ty.

1 ggr. noir, 3 pf. vert, 1/30 th. rose, 1/15 th. bleu, 1/10 th. jaune.

1859. — *Nom,* I. C. *sur papier blanc,* R., Ty.

(Chiffre) 3 pf. rose, (Figurine) 1 gr. rose, 2 gr. bleu, 3 gr. jaune.

1er Avril 1860. — *Nom,* I. N., *sur papier blanc,* R., Ty.

(Cor de chasse) 1/2 gr.

1er mars 1861. — *Nom, figurine,* I. C. *sur papier blanc,* R.. Ty.

10 gr. vert.

1er novembre 1861. — *Timbre semblable.*

3 gr. brun.

2° Enveloppes

15 avril 1857. — *Nom, figurine blanche regardant à gauche, chiffre en bas indiquant leur valeur,* O., Ty., Ti. sec et h.

1 guteng. vert, 1 sil. rose, 2 sil. bleu, 3 sil. jaune.

1861. — *Nom, figurine blanche regardant à gauche, chiffre de chaque côté indiquant leur valeur,* O. Ty., Ti. sec et h.

1 gr. rose, 2 gr. bleu, 3 gr. jaune.

» — *Armoiries, sans indication de valeur, papier jaune,* Ronde, Ty., Ti. sec et h.

Bestellgeld frei. (Correspondance locale de la ville de Hanovre).

HESSE-DARMSTADT (Grand-Duché de)

Timbres de l'Office Tour et Taxis (États du Sud)

HESSE ÉLECTORALE

Timbres de l'Office Tour et Taxis (États du Nord)

HESSE-HOMBOURG (Landgraviat de)

Timbres de l'Office Tour et Taxis (États du Sud)

HONOLULU — ILES SANDWICK

(Royaume HAWAÏEN)

» — *Nom, chiffre indiquant la valeur,* I. C., R., T. D.

2 c. noir et bleu.

» — *Nom, figurine,* I. C., R., T. D.

Hawaïan postage, 2 c. rouge.

Havaïan island, 5 c. bleu.

Havaïan, 13 c. rouge.

ILES IONIENNES

(Voir GRANDE-BRETAGNE. — POSSESSIONS)

INDE

(Voir FRANCE ET GRANDE-BRETAGNE. — POSSESSIONS)

ITALIE (Royaume d')

(Voir les anciens États qui composent actuellement ce Royaume).

Les timbres de l'Office de Sardaigne sont employés dans tout le royaume d'Italie, à l'exception des provinces napolitaines qui se servent des timbres spéciaux dont la désignation suit :

1861. — *Figurine blanche,* I. C., R., Ty., Ti. sec et h.

1/2 tornèse vert, 1/2 grano café au lait, 1 g. noir, 2 g. bleu, 5 g. rouge, 10 g. jaune, 20 g. jaune citron, 50 g. gris perle.

JAMAIQUE (Ile de la)

(Voir GRANDE-BRETAGNE. — POSSESSIONS)

LIBERIA (République de)

» — *Nom, figurine,* I. C., R., P., Ty.

6 c. rouge, 12 c. bleu, 24 c. vert.

LIECHTENSTEIN (Principauté de)

Timbres de l'Office d'Autriche, en kreuzer.

LIPPE-DETMOLD (Principauté de)

Timbres de l'Office Tour et Taxis (États du Nord)

LIPPE-SCHAUMBOURG (Principauté de)

Timbres de l'Office Tour et Taxis (États du Nord.)

LUBECK (République de)

1er Janvier 1859. — *Nom, armoiries,* I. C., R., Ty.

1/2 sch. violet, 1 s. jaune, 2 s. brun, 2 1/2 s. rouge, 4 sh. vert.

LUÇON (Ile de)

(Voir Espagne. — Possessions)

LUXEMBOURG (Grand-Duché de)

15 Septembre 1852. — *Figurine,* I. C., R., T. D.

10 c. noir, 1 silgr. brun.

1er Octobre 1859. — *Nom, armoiries,* I. C., R., Ty.

10 c. bleu, 12 1/2 c. rose, 25 c. marron, 30 c. violet, 37 1/2 c. vert, 40 c. rouille.

Décembre 1860. — *Timbres semblables.*

2 c. noir, 4 c. jaune.

MALTE (Ile de)

(Voir Grande-Bretagne. — Possessions)

MARTINIQUE (Ile de la). — Antilles.

(Voir France. — Possessions).

MAURICE (Ile)

(Voir Grande-Bretagne. — Possessions)

MECKLENBOURG-SCHWERIN (Grand-Duché de)

1° Timbres

» — *Nom, armoiries,* I. C., Car., Ty.

4/4 sh. rouge, 3 sh. orange, 5 sh. bleu.

2° Enveloppes

» — *Nom, armoiries blanches,* O., Ty., Ti. sec et h.

1 sch. brique, 1 1/2 sch. vert, 3 s. jaune, 5 s. bleu.

MECKLEMBOURG-STRELITZ (Grand-Duché de)

Timbres de l'Office Tour et Taxis (États du Nord).

MEXIQUE (République du)

» — *Nom, figurine,* I. C., R., T. D.

1/2 r. bleu, 1 r. jaune, 2 r. vert, 4 r. rouge, 8 r. violet.

1861. — *Nom, figurine,* I. C., *sur papier de couleur*, R., T. C.

1/2 r. noir sur chamois, 1 r. noir sur vert, 2 r. noir sur rose, 4 r. rouge sur jaune, 8 r. vert sur rose.

VARIÉTÉ

4 r. noir sur jaune.

MIQUELON (Ile de). — AMÉRIQUE DU NORD.

(Voir FRANCE. — POSSESSIONS).

MODÈNE (Duché de)

(Voir SARDAIGNE)

» — *Armoiries (Aigle)*, I. N., R., Ty.

5 cent. vert, 10 cent. rose, 15 cent. jaune, 25 cent. café au lait, 40 c. bleu, 1 lira blanc.

VARIÉTÉ

10 cent. violet.

» — *Armoiries (Aigle)*, I. N., Carrés, Ty.

Tassa gazzette : 10 cent. blanc.

Gouvernement provisoire

1859. — *Nom, armoiries (Croix de Savoie)*, I. C., R., Ty.

5 cent. vert. 10 cent. bistre, 15 cent. marron, 20 cent. bleu, 40 cent. rose, 80 cent. orange.

VARIÉTÉ

20 cent. lilas.

MOLDAVIE (Principauté de)

» — *Armoiries*, R., *frappés en couleur avec un timbre à main.*

5 para noir, 40 p. bleu, 62 p. vert, 80 p. rouge.

MONTEVIDEO (République orientale de l'Uruguay)

» — *Nom, soleil*, I. C., R., Ty.

60 centesimos brun, 80 c. minium, 100 c. carmin, 120 c. bleu, 180 c. vert, 240 c. brique.

NASSAU (Duché de)

Timbres de l'Office Tour et Taxis (États du Sud).

NATAL

(Voir GRANDE-BRETAGNE. — POSSESSIONS).

NEVIS (Île de).

(Voir GRANDE-BRETAGNE. — POSSESSIONS)

NOUVEAU-BRUNSWICK

(Voir GRANDE-BRETAGNE. — POSSESSIONS)

NOUVELLE-CALÉDONIE.

(Voir FRANCE. — POSSESSIONS)

NOUVELLE-ÉCOSSE

(Voir GRANDE-BRETAGNE. — POSSESSIONS)

NOUVELLE-GALLES DU SUD

(Voir GRANDE-BRETAGNE. — POSSESSIONS)

NOUVELLE-ZÉLANDE

(Voir GRANDE-BRETAGNE. — POSSESSIONS)

OCÉAN PACIFIQUE
(Compagnie de navigation à vapeur de l')

1861. —

1 réal , 2 réales.

OLDENBOURG (Grand-Duché d')

Moins la principauté de BIRKENFELD, qui emploie les timbres de l'Office de Prusse.

1° Timbres

1852. — *Indication de leur valeur*, I. N., R., Ty.

1/3 silgr. vert, 1/30 th. bleu. 1/15 th. rose, 1/10 th. jaune.

1860. — *Nom, armoiries*. I. N., R., Ty.

1/3 gr. vert, 1 gr. bleu, 2 gr. rose, 3 gr. jaune.

1861. — *Nom, armoiries*, I. C., R., Ty.

1/4 gr. jaune, 1/3 g. vert, 1/2 gr. marron clair, 1 gr. bleu, 2 gr. rouge, 3 gr. jaune citron.

ESSAI *de l'émission de* 1860, I. N.

2 gr. blanc.

2° Enveloppes

1861. — *Nom, armoiries blanches*, O., Ty., Ti. sec et h.

1/2 gr. marron, 1 gr. bleu, 2 gr. rose, 3 gr. jaune.

PARAGUAY (République du)

ESSAIS

» — *Nom, armoiries*, I. C. *sans indication de valeur*, R., Ty.

Noir, vert, rose, rouge, violet, brun, brique, bleu, ocre.

PARME (Duché de)

(Voir SARDAIGNE)

» — *Nom, armoiries* (grand écusson). I. C. *sur papier blanc*, R., Ty.

5 c. orange, 10 c. , 15 c. rouge, 25 c. brique, 40 c.

» — *Timbres semblables imprimés en noir.*

5 c. jaune, 10 c. noir, 15 c. rose, 25 c. lie de vin, 40 c. bleu.

1858. — *Armoiries* (petit écusson), I. C., *avec cette inscription dans le haut :* Duc. di Parma Piac., Ecc., R., Ty.

15 c. rouge, 25 c. brun, 40 c. bleu.

Gouvernement provisoire

1859. — *Nom, indication de la valeur*, I. C., *octogones*, Ty.

5 cent. vert, 10 c. brun, 20 c. bleu, 40 c. vermillon, 80 c. rouge de saturne.

» — *Timbres semblables imprimés sur papier de couleur.*

6 c. vert, 9 c. bleu.

PAYS-BAS (Royaume des)

1er Janvier 1852. — *Figurine*, I. C., R., T. D.

5 cents bleu foncé, 10 cents rouge, 15 cents jaune.

» — *Timbres de même espèce.*

5 cents bleu clair.

ESSAI

5 cents noir.

PÉROU (République du)

» — *Armoiries* (*Vaisseau*), I. C., R.

1/2 oz. 1 r. bleu, 1 oz. 2 r. carmin pâle.

» — *Armoiries.*, I. C., Car., T. D.

1 dinero bleu, 1 peseta rouge, 1/2 peso jaune.

Nota. Dans les timbres de même valeur on trouve de grandes différences dans les dimensions des lettres des inscriptions.

ESSAIS

» — *Armoiries blanches*, I. N. Car., Ty., Ti. sec et h.

1 dinero, 1 peseta.

PORTO-RICO (Ile de)

(Voir Espagne. — Possessions)

PORTUGAL (Royaume de)

— *Figurine blanche (Dona Maria II)*, I. C., Ty. Ti. sec et h.

5 reis brun, 25 reis bleu, 50 reis vert, 100 r. violet.

» — *Figurine blanche (Don Pedro V)*, I. C., Ty., Ti. sec et h.

5 r. brun, 25 r. bleu, 50 r. vert, 100 r. violet.

1858. — *Timbre semblable.*

25 r. rouge.

PRINCE-ÉDOUARD (Ile du)

(Voir Grande-Bretagne. — Possessions.)

PRUSSE (Royaume) de)

Moins Hohenzollern-Héchingen et Hohenzollern-Sigmaringen, qui emploient les timbres de l'office Tour et Taxis (États du Sud).

1° Timbres

15 novembre 1850. — *Figurine*, I. C. *sur papier de couleur, avec filigrane (couronne de lauriers), champ burrelé*, R., T. D.

6 pf. vermillon.

» — *Figurine*, I. N *sur papier de couleur, avec filigrane (couronne de lauriers)* R., T. D.

1 silgr. rose, 2 sil. bleu, 3 sil. jaune.

1er mai 1856. — *Figurine*, I. C., *sur papier de couleur avec filigrane (couronne de lauriers), champ burrelé*, R., T. D.

4 pfenninge vert clair.

1857. — *Figurine*, I. C., *sur papier blanc, champ uni*, R., T. D.

1 sil. rose, 2 sil. bleu, 3 sil. jaune.

1858. — *Figurine, I. C. sur papier blanc, champ burelé, R., T., D.*

4 pf. vert, 6 pf. vermillon, 1 sil. rose, 2 sil. bleu, 3 sil. jaune.

1er *Octobre* 1861. — *Nom, armoiries (Aigle de Brandebourg), I. C., les 2 premiers octogones, les 3 autres* O., Ty., Ti. sec et h.

4 pf. vert, 6 pf. minium, 1 sil. rose, 2 sil, bleu, 3 sil. bistre.

2° Enveloppes

» — *Figurine blanche regardant à droite, fils traversant l'estampille, les 3 premiers* O, *les autres octogones,* Ty., Ti. sec et h.

1 gr. rose, 2 gr. bleu, 3 gr. jaune, 4 gr. marron, 5 gr. violet, 6 gr. vert, 7 gr. cinabre.

1857. — *Enveloppes semblables, sans fils et avec inscriptions en travers de l'enveloppe.*

1 gr. rose, 2 gr. bleu, 3 gr, jaune, 4 gr. marron, 5 gr. violet, 6 gr. vert, 7 gr. cinabre.

1er *Octobre* 1861. — *Nom, armoiries (Aigle de Brandebourg),* O., Ty., Ti. sec et h.

1 gr. rose, 2 gr. bleu, 3 gr. bistre.

QUEENSLAND

(Voir Grande-Bretagne. — Possessions)

RÉUNION (Île de la). — Mer des Indes

(Voir France. — Possessions)

REUSS-GREITZ (Principauté de)

Timbres de l'Office Tour et Taxis (États du Nord)

REUSS-LOBENSTEIN-EBERSDORF (Principauté de)

Timbres de l'Office Tour et Taxis (États du Nord)

REUSS-SCHLEITZ (Principauté de)

Timbres de l'Office Tour et Taxis (États du Nord)

RUSSIE (Empire de)

Moins la FINLANDE et la POLOGNE.

1° Timbres

1858. — *Armoiries*, I. C. *sur papier blanc*, R., D., Ti. sec et h.
10 kopecks bleu et marron, 20 k. orange et bleu, 30 k. vert et rouge.

1859. — *Timbres semblables*, P.
10 k. bleu et marron, 20 k. orange et bleu, 30 k. vert et rouge.

2° Enveloppes

» — *Armoiries*, Rondes, Ty.
Poste locale de Saint-Pétersbourg, 5 et 1 k. bleu.

» — *Armoiries blanches*, Rondes, Ty., Ti. sec et h.
10 et 1 k. noir, 20 et 1 k. bleu, 30 et 1 k. rose.

NOTA. Le Kopeck ajouté à la taxe représente le prix de l'enveloppe.

FINLANDE

1° Timbres

» — *Armoiries*, I. C., O. Ty.
5 k. bleu, 10 k. rouge, 20 k. noir.

» — *Armoiries*, I. C., R., P., Ty.
5 k. bleu, 10 k. rose.

1860. — *Timbres semblables, sur papier de couleur.*
5 k. bleu, 10 k. rose.

2° Enveloppes

» — *Armoiries*, I. C., R. Ty.
5 k. bleu, 10 k. rose.

POLOGNE

1° Timbres

» — *Armoiries*, I. C. *sur papier blanc*, R., P., Ty.
3 k. , 10 k. rouge et bleu.

2° Enveloppes

» — *Armoiries blanches*, I. N., Rondes, Ty.
10 k. noir.

» — *Armoiries*, I. C., Rondes, Ty.
3 k. bleu (Correspondance locale de la ville de Varsovie).

SAINTE-HÉLÈNE (Ile)

(Voir Grande-Bretagne. — Possessions)

SAINTE-LUCIE (Ile)

(Voir Grande-Bretagne. — Possessions)

SAINT-PIERRE (Ile). — Amérique du Nord

(Voir France. — Possessions)

SAINT-THOMAS (Ile)

(Voir Danemark. — Possessions)

SAINT-VINCENT (Ile)

(Voir Grande-Bretagne. — Possessions)

SARDAIGNE (Royaume de)

On emploie actuellement les timbres de l'Office de Sardaigne dans les provinces annexées à ce royaume, sauf dans les provinces napolitaines. — Voir Italie.

1851. — *Figurine et inscriptions blanches*, I. C., *sur papier blanc*, R., L.

5 cent. noir, 20 cent. bleu, 40 cent. rose.

1852. — *Figurine, papier de couleur*, R., Ti. sec.

5 cent. vert, 20 cent. bleu, 40 cent. rose.

1855. — *Figurine*, I. C. *sur papier blanc, centre blanc*, R., Ty., Ti. sec et h.

5 cent. vert, 20 cent. bleu, 40 cent. rouge.

ESSAI

5 cent. bleu foncé sur papier vert clair.

1856. — *Figurine*, I. C., *sur papier blanc, centre et inscriptions blancs*, R., Ty., Ti. sec et h.

5 cent. vert, 20 cent. bleu, 40 cent. rouge.

» — *Timbres semblables.*

10 cent. bistre, 80 cent. jaune.

Nota. Les couleurs de tous ces timbres sont de nuances très-variées.

1861. — *Timbre semblable.*

3 lire doré.

Giornali stampe

1861. — *Chiffre indiquant la valeur du timbre*, I. N. *sur papier blanc*, R., Ty., Ti. sec et h.

1 cent., 2 cent.

SAXE (Royaume de)

1° Timbres

» — *Nom, chiffre indiquant la valeur*, I. C., Car., Ty.

3 pfennige rouge.

» — *Nom, figurine, tête regardant à droite* (Frédéric-Auguste), I. N. *sur papier de couleur*, R., T. D.

1/2 neugr. gris 1 n.gr. rose, 2 n.gr. bleu, 3 n.gr. jaune.

1854. — *Nom, armoiries*, I. C., R., Ty.

3 pf. vert.

» — *Nom, figurine, tête regardant à gauche* (Jean), I. N. *sur papier de couleur*, R., T. D.

1/2 n.gr. gris, 1 n.gr. rose, 2 n.gr. bleu, 3 n.gr. jaune.

Id. — *Timbres semblables*, I. C. *sur papier blanc*.

5 n.gr. rouge, 10 n.gr. bleu

2° Enveloppes

» — *Nom, figurine blanche, tête regardant à gauche* (Jean), O., Ty., Ti. sec et h.

1 n.gr. rose, 2 n.gr. bleu, 3 n.gr. jaune, 5 n.gr. violet. 10 n.gr. vert.

SAXE ALTENBOURG (Duché de)

Timbres de l'Office du royaume de Saxe.

SAXE COBOURG-GOTHA (Duché de)

Timbres de l'Office Tour et Taxis (États du Sud)

SAXE MEININGEN-HILDBOURGHAUSEN (Duché de)

Timbres de l'Office Tour et Taxis (États du Sud)

SAXE-WEIMAR (Grand-Duché de)

Moins ALLSTEDT, qui emploie les timbres de l'office de Prusse.

Timbres de l'Office Tour et Taxis (États du Nord)

SCHWARZBOURG-RUDOLSTADT (Principauté de)

Moins FRANKENHAUSEN et SCHLOTHEIM, qui employent les timbres de l'Office de Prusse.

Timbres de l'Office Tour et Taxis (États du Nord)

SCHWARZBOURG-SONDERSHAUSEN (Principauté de)

Moins ARNSTADT, GEHREN et GROSS-BREITENBACH, qui emploient les timbres de l'Office Tour et Taxis.

Timbres de l'Office de Prusse.

SÉNÉGAL. — AFRIQUE

(Voir FRANCE. — POSSESSIONS)

SIERRA-LEONE

(Voir GRANDE-BRETAGNE. — POSSESSIONS)

SUÈDE (Royaume de)

1er *Juillet* 1855. — *Nom, armoiries*, I. C., R., P., Ty.

3 sk. vert, 4 sk. bleu, 6 sk. gris, 8 sk. jaune, 24 sk. orangé

1er Juillet 1855. — *Timbre sans indication de valeur*, I. N., R., P., Ty.

Lokal bref (Correspondance locale de la ville de Stockholm).

1er *Juillet* 1858. — *Timbres de même espèce.*

5 öre vert, 9 öre violet, 12 öre bleu, 24 öre jaune, 30 öre brun 50 öre rouge.

1er Janvier 1862. — *Timbre sans indication de valeur*, I. C., R., P., Ty.

Lokal bref, marron clair.

NORVÉGE

» — *Armoiries*, I. C., R., Ty.

4 sk. bleu.

» — *Nom, figurine (Charles XV)*, I. C., R., P., Ty.

2 sk. jaune, 3 sk. violet, 4 sk. bleu, 8 sk. rose.

SUISSE

1° Administrations Cantonales

BALE

» — *Nom, colombe blanche dans un écusson rouge*. R., Ty., Ti sec et h.

2 1/2 rap. noir.

GENÈVE

» — *Nom, armoiries*, I. N., *sur papier vert clair*, R., Ty.

Port local, 5 cent., port cantonal, 5 cent.

» — *Timbre semblable*, I. N., *sur papier vert très-foncé*.

Port cantonal, 5 cent.

» — *Timbre de même espèce*, I. C., *sur papier blanc*.

Port cantonal, 5 cent. vert.

LAUSANNE

» — *Poste locale, Cor de chasse avec Croix blanche au milieu, sur fond rouge*, R., L.

4 c. noir, 5 c. noir.

NEUCHATEL

» — *Poste locale, Croix blanche dans un écusson rouge*, R., L.

5 cent. noir.

ZURICH

» — *Nom, chiffre indiquant la valeur du timbre*.

Local taxe, 4 rap.

Cantonal taxe, 6 rap.

?

» — *Poste locale, Cor de chasse avec croix blanche au milieu, sur fond rouge*, R., L.

Orts post, Poste locale, 2 1/2 rap. rose brique.

2° Administration fédérale.

1er Octobre 1850.— *Armoiries (Croix blanche sur fond rouge)*, I. N., R., L.

Orts port, 2 1/2 r., papier blanc, (pour les cantons allemands).

Poste locale, 2 1/2 r., papier blanc (pour les cantons français).

Rayon I. 5. r. papier bleu, Rayon II. 10 r. papier jaune foncé.

1er Janvier 1852. — *Armoiries (Croix blanche sur fond rouge)*, I. C., *sur papier blanc*, R., L.

Rayon I. 5 r. bleu. Rayon II. 10 r. papier citron.

1er Janvier 1852. — *Armoiries*, I. C. *sur papier blanc*, R., L.

Rayon III. 15 r. (pour les cantons allemands) rose.

Rayon III. 15 cent. (pour les cantons français) rose.

1er Octobre 1854. — *Figurine*, I. C., R., Ty., Ti. sec et h.

5 r. brun, 10 r. bleu, 15 r. rose, 20 r. jaune, 40 r. vert.

1er Février 1855. *Timbre semblable*.

1 franc gris perle.

Nota. Les couleurs des timbres émis en 1854 et 1855 sont de nuances très-variées.

TASMANIE

(Voir Grande-Bretagne. — Possessions)

TOSCANE (Grand-Duché de)

(Voir Sardaigne)

» — *Nom, armoiries (Lion)*, I. C. *sur papier bleuté*, R., Ty.

1 quattrino noir, 1 soldo jaune, 1 crazia grenat, 2 soldi brique, 2 cr. bleu clair, 4 cr. vert, 6 cr. bleu foncé, 9 cr. brun, 60 cr. brique.

» — *Nom, armoiries (Lion)*, I. C., *sur papier blanc*, R., Ty.

1 quat. noir, 1 sol. jaune, 1 cr. rouge, 2 cr. bleu clair, 4 cr. vert, 6 cr, bleu foncé, 9 cr. brun.

Bollo straordinario.

1859. — *Nom, Amoiries (Croix de Savoie)*, I. C. *sur papier blanc*, R., Ty.

1 cent. violet, 5 c. vert, 10 c. brun, 20 c. bleu, 40 c. rouge, 80 c. rose, 3 lire jaune de chrome.

TERRE-NEUVE (Ile de)

(Voir Grande-Bretagne. — Possessions)

TRINITÉ (Ile de la)

(Voir Grande-Bretagne. — Possessions)

URUGUAY (République orientale de l')

(Voir Montevideo)

VAN DIEMEN (Terre de)

(Voir Grande-Bretagne. — Possessions)

VENEZUELA (République de)

1859. — *Nom, armoiries*, I. C., R., Ty.

1/2 real jaune, 1 r. bleu, 2 r. rouge.

VICTORIA

(Voir Grande-Bretagne. — Possessions)

VILLES LIBRES

(Voir Brême, Francfort, Hambourg, Lubeck)

WALDECK (Principauté de)

Timbres de l'Office de Prusse

WURTEMBERG (Royaume de)

1850. — *Nom, chiffre indiquant la valeur du timbre*, I. N., Car., Ty.

1 kr. paille, 3 k. jaune, 6 k. vert, 9 k. rose, 18 k. violet.

Commission fur retour briefe. — *Armoiries, sans indication de valeur.*

1858. — *Armoiries blanches*, I. C., Car., Ty., Ti. sec et h.

1 k. marron, 3 k. orange, 6 k. vert, 9 k. rouge, 18 k. bleu.

1861. — *Timbres semblables*, P.

1 k. marron, 3 k. orange, 6 k. vert, 9 k. rouge.

ESSAI DE LA PREMIÈRE ÉMISSION

3 kr. bleu.

ADDITION

Page 20. — GRANDE-BRETAGNE; Office particuliers *Smith, Elder et C°:* 1 shilling.

NOMENCLATURE

Par ordre géographique

DES ÉTATS

DANS LESQUELS

LES TIMBRES-POSTE SONT EN USAGE

EUROPE

Suède.
Norvège.
Russie.
Finlande.
Pologne.
Grande-Bretagne.
Pays-Bas.
Luxembourg.
Belgique.
France.
Danemark.
Schleswig-Holstein.
Oldenbourg.
Hanovre.
Brême.
Bergedorf.
Hambourg.
Lubeck.
Mecklenbourg-Schwerin.
Mecklenbourg-Strelitz.
Prusse.
Lippe-Detmold.
Lippe-Schaumbourg.
Brunswick.
Anhalt-Berbourg.
Anhalt-Cœthen.
Anhalt-Dessau.
Waldeck.
Hesse-Électorale.
Nassau.
Hesse-Hombourg.
Francfort-sur-le-Mein.
Hesse-Darmstadt.
Saxe-Cobourg-Gotha.
Saxe-Meiningen-Heldbourghausen.
Saxe-Weimar.
Saxe-Altenbourg.
Schwarzbourg-Sondershausen.
Schwarzbourg-Rudolstadt.
Reuss-Lobenstein-Ebersdorf.
Reuss-Schleitz.
Reuss-Greitz.
Saxe.
Bade.
Wurtemberg.
Bavière.
Suisse.
Liechtenstein.
Autriche.
Lombardo-Vénétie.
Moldavie.
Espagne.
Portugal.
Italie.
Sardaigne.
Parme.
Modène.
Toscane.
Romagne.
Naples.
Sicile.
États-Romains.
Malte.
Iles Ioniennes.
Grèce.

AFRIQUE

Sénégal.
Gorée (Ile de).
Sierra-Leone.
Libéria.
Sainte-Hélène (Ile).
Cap de Bonne-Espérance.
Natal.
Réunion (Ile de la).
Maurice (Ile).

ASIE

Inde transgangétique.
Empire anglo-indien.
Établissements français.
Ceylan (Ile de).
Luçon (Ile de).

OCÉANIE

Australie occidentale.
Australie du Sud.
Victoria.
Queensland.
Nouvelle Galles du Sud.
Terre de Van-Diemen.
Nouvelle-Calédonie.
Nouvelle-Zélande.
Royaume Hawaïen.
Océan Pacifique.

AMÉRIQUE

Colombie et île de Vancouver.
États-Unis de l'Amérique du Nord.
Canada.
Nouvelle-Écosse.
Nouveau-Brunswick.
Prince-Édouard (Ile du).
Terre-Neuve (Ile de).
Miquelon (Ile de).
Saint-Pierre (Ile de).
États confédérés de l'Amérique du Nord.
Mexique.
Bahama (Iles).
Cuba (Ile de).
Jamaïque (Ile de la).
Porto-Rico (Ile de).
Saint-Thomas (Ile).
Nevis (Ile de).
Guadeloupe (Ile de la).
Martinique (Ile de la).
Sainte-Lucie (Ile).
Saint-Vincent (Ile).
Barbade (Ile).
Grenade (Ile de).
Trinité (Ile de la).
Confédération Grenadine.
Venezuela.
Guiane française.
Guiane anglaise.
Brésil.
Pérou.
Chili.
Confédération Argentine.
Buenos-Ayres.
Paraguay.
Montévidéo.
Océan.

Ant Mce Bénard. — Poitevin, Seringe, place du Caire, 2
Poitevin, r. Damiette

A LA MÊME LIBRAIRIE

Calculs faits, à l'usage des industriels. 1 vol. in-18, d'environ 200 p. ou tableaux. 3e édition, refondue et augmentée. 1861 . . . . 3 fr.
Cartonné. . . . . 4 fr.

Carnet des ingénieurs, recueil de tables, de formules et de renseignements pratiques à l'usage des ingénieurs et des architectes, des chefs d'usines industrielles et de tout directeur et conducteur de travaux. Onzième édition, entièrement refondue et augmentée, tirage de 1861. 1 vol. in-12, 214 pag. de texte, 1 calendrier, 48 pag. de papier quadrillé. Broché, 3 fr. Cartonné. . . . . 4 fr.
Relié en portefeuille. . . . . 6 fr.

Dictionnaire encyclopédique usuel, ou Résumé de tous les dictionnaires historiques, biographiques, géographiques, mythologiques, scientifiques, artistiques et technologiques, et Répertoire universel et abrégé de toutes les connaissances humaines, contenant la matière de 50 volumes in-8 ordinaires, et présentant la définition exacte et précise de quarante mille mots; publié sous la direction de Ch. Saint-Laurent. 2 vol. gr. in-8 à trois colonnes, IV-1487 p., 4e édition, 1858. . . . . . 25 fr.

MULAT. **Traité de Géométrie pratique**, précédé du système métrique des poids et mesures, et suivi des règles de trois, d'intérêt et d'escompte, avec un grand nombre de modèles d'actes sous seing privé, à l'usage des écoles primaires, des cultivateurs et des ouvriers de toutes les professions; par M. Mulat, instituteur. In-12, 143 p. et 4 pl. . . . . 1 fr. 50 c.

POURIAU (A.-F.), docteur ès sciences. **Éléments des Sciences physiques**, appliquées à l'agriculture, chimie inorganique. 1 vol. in-12, 512 pages, 153 figures dans le texte. Prix. . . . . 6 fr.

Aux Mon Bénard. — [illegible] Seringe et Cie, place du Caire, 2.

www.ingramcontent.com/pod-product-compliance
Ingram Content Group UK Ltd.
Pitfield, Milton Keynes, MK11 3LW, UK
UKHW022143190726
13855UKWH00003B/1311

9 782013 053310